"Gladiadores Religiosos"

- Cuidado con los Judaizantes Modernos -

Julio A. Rodríguez

"Amados, por la gran solicitud que tenía de escribiros acerca de nuestra común salvación, me ha sido necesario escribiros exhortándoos que contendáis ardientemente por la fe que ha sido una vez dada a los santos" (Judas 3)

1

"Gladiadores Religiosos"

- Cuidado con los Judaizantes Modernos -

© Copyright 2010   Julio A. Rodríguez

Todos los derechos reservados

ISBN: 978-0-9779349-6-6

Las citas escriturales se han tomado de:

La Santa Biblia - Versión Reina-Valera, 1960   Sociedades Bíblicas Unidas

Publicado en noviembre 2010, por:

Editorial Nueva Vida

53-21 37 Ave., Woodside, NY   11377

Tel: 718-205-5111

Clasifíquese: Sectas, Discipulado, Doctrina Bíblica

Impreso en los Estados Unidos de América.

Contenido

Prólogo

Doy gracias al Señor por permitirme leer este libro. Realmente he sido muy edificada y sé que va a ser de gran bendición para muchas personas; las cuales, en su búsqueda de más conocimiento y queriendo agradar a Dios, muchas veces caen en doctrinas de error al encontrarse con aquellos que "tuercen" la Palabra.

Puedo decir que este libro llegó justo a tiempo ya que hay una plaga que está contaminando al cristianismo moderno; y muchos hermanos que antes estaban firmes en el Señor han caído en esa trampa.

Es mi oración que este libro pueda llegar a muchos hermanos que están inquietos por conocer más de la cultura judía y continúan fieles en la iglesia del Señor; y también a aquellos que fueron confundidos y ya se han salido de las iglesias cristianas, para que la venda de sus ojos les sea quitada y puedan conocer la verdad sobre quiénes somos en Cristo, según ha sido revelado en las Sagradas Escrituras.

Hay un poder engañoso muy terrible que el enemigo de las almas usa para traer división dentro de la iglesia cristiana, el cual busca que aquellos que todavía no conocen del Señor digan: *"Ellos mismos no se entienden, están divididos..."*

Oremos que el Señor nos dé sabiduría y espíritu de revelación para poder conocer estos tiempos.

Alabo y doy gloria a Dios por la vida del Pastor Julio, por ser sensible a la voz de Dios y ser un instrumento útil en Sus manos; por siempre estar dispuesto a velar por la sana doctrina del Señor Jesucristo y por atreverse a comunicar lo que quizás puede ser controversial a los ojos de algunos que creen tener la verdad.

Hoy más que nunca doy gracias a Dios por Cristo Jesús. Puedo entender mejor lo que Él hizo por mí en la cruz del calvario y valoro más su sacrificio por medio del cual me libró de llevar el peso de la ley; bendigo Su nombre por su gran amor y misericordia.

Por Su gracia, puedo vivir en comunión con Dios con toda confianza y en paz, pues Cristo abrió el camino que nos acerca a Dios el Padre.

¡Gracias Jesús!

Pastora Leonor Rodríguez

Introducción

Personalmente, tengo una gran admiración por el pueblo de Israel; su clara e innegable Identidad a través de los siglos; sus costumbres, la forma de educar a sus hijos, su gran capacidad científica; la intensidad como aman a Dios, etc.

El Señor Jesús dijo que:

"...la salvación viene por los judíos" (Juan 4:22)[i]

El apóstol Pablo dijo que de los israelitas:

"...son la adopción, la gloria, el pacto, la promulgación de la ley, el culto y las promesas; de quienes son los patriarcas, y de los cuales, según la carne, vino Cristo, el cual es Dios sobre todas las cosas, bendito por los siglos. Amén" (Romanos 9: 4-5)

El apóstol Pedro les dijo a los israelitas:

"...porque para vosotros es la promesa y para vuestros hijos, y para todos los que están lejos; para cuantos el Señor nuestro Dios llamare" (Hechos 2: 39)

El pueblo judío, que fue formado como manifestación del poder de Dios a partir de un hombre anciano (Abraham) el cual tenía una esposa anciana y estéril (Sara), para honrar la fe inquebrantable de Abraham, y para dar testimonio a todos los seres humanos que habitarían en la tierra, de que Él es el Dador de la vida, el Único, Verdadero y Altísimo Dios, el Creador de todas las cosas, el Todopoderoso, para quien no hay nada imposible...

Este pueblo judío merece ser reconocido en todas las naciones como un verdadero regalo de Dios para la humanidad. Las vivencias de su historia nos sirven para conocer el carácter, la voluntad y el propósito de Dios con los seres humanos; y es muy significativo el avance científico que Dios les ha dado para contribuir a la formación del tipo de sociedad en la que vivimos hoy en día.

La proporción de premios Nobel en relación a la proporción de judíos en el mundo, habla por sí sola: Los judíos han obtenido más del 20% de los premios totales, aunque ellos son aproximadamente solo la quinta parte de un uno por ciento de la población mundial *(14 millones de judíos, en una población mundial de aproximadamente 6,200 millones)*

Ha sido una distinción tan grande la que han recibido de parte de Dios, que entre los años 1901 y 2008, más de 170 judíos han recibido el premio Nobel.

He aquí una resumida relación:

- En Química, 30 premios; equivalentes al 20 % del total mundial
- En Economía, 26 premios; equivalentes al 42 % del total mundial
- En Literatura, 13 premios; equivalentes al 12 % del total mundial
- A la paz, 9 premios; equivalentes al 9 % del total mundial
- En Física, 47 premios; equivalentes al 26 % del total mundial
- En Filosofía o Medicina, 47 premios; equivalentes al 26 % del total mundial.

Es honesto y sincero mi respeto por el pueblo judío; y oro a Dios por ellos, que haya paz en Jerusalén y que todos los judíos lleguen al conocimiento de la verdad referente a Cristo Jesús, el Mesías.

Los verdaderos judíos *(los hereditarios; los que son **nacidos del vientre** de una mujer judía)*, no viven haciendo proselitismo entre otras razas y religiones, buscando adeptos para su religión.

Ellos simplemente, son la raza descendiente del patriarca Abraham que, sin importar las persecuciones y ataques que ha sufrido, permanece en el mundo dando múltiple testimonio de la verdad escrita en la Santa y Sagrada Biblia.

Muchos de esos verdaderos judíos ya han creído que Jesucristo es el Mesías y son los llamados: **Judíos Mesiánicos**

Lo que voy a compartir a continuación, va a exponer lo que algunas personas que solo son simpatizantes de la fe judía *(aunque pretenden ser judíos sin serlo, pues no nacieron de ningún vientre judío)* están haciendo en las diferentes naciones del mundo, en perjuicio de la verdadera fe cristiana.

Es a dichas personas que yo les llamo "LOS JUDAIZANTES MODERNOS"; o como los define el apóstol Pablo:

"...falsos hermanos introducidos a escondidas, que entran para espiar nuestra libertad que tenemos en Cristo Jesús, para reducirnos a esclavitud" (Gálatas 2:4)

Dichos simpatizantes de la fe judía están acercándose a las iglesias cristianas *(que normalmente tienen amor y respeto por el pueblo judío)* y, con la excusa de enseñarles la verdadera cultura judía, les quieren luego hacer ver y creer que deben renunciar a su fe cristiana y que deben procurar asimilar la cultura judía y ser en todo como los judíos hereditarios, *"si quieren ser parte del pueblo de Dios y recibir las promesas dadas en la Biblia".*

9

Esto trae mucha confusión entre los hermanos; y en la mayoría de los casos, les hace desviarse del verdadero camino con la grave consecuencia de hacerles caer de la gracia y perder la bendición, como también nos dice el apóstol Pablo (el apóstol a los gentiles):

"De Cristo os desligasteis, los que por la ley os justificáis; **de la gracia habéis caído**" (Gálatas 5:4)[ii]

"**Guardáis los días, los meses, los tiempos y los años.** Me temo de vosotros, que haya <u>trabajado en vano</u> con vosotros" (Gálatas 4: 10-11)

"De modo que los de la fe son bendecidos con el creyente Abraham. Porque <u>todos los que dependen de las obras de la ley</u> **están bajo maldición**, pues escrito está: Maldito todo aquel que no permaneciere en todas las cosas escritas en el libro de la ley, para hacerlas"
(Gálatas 3: 9-10)

Esta meditación se une al llamado del **apóstol Judas**, cuando nos dice:

"Amados, por la gran solicitud que tenía de escribiros acerca de nuestra común salvación, me ha sido necesario escribiros exhortándoos que **contendáis ardientemente por la fe** que ha sido una vez dada a los santos"
(Judas 3)

También a la advertencia que nos da el **apóstol Pedro**:

"Pero hubo también falsos profetas entre el pueblo, como habrá entre vosotros falsos maestros, que introducirán encubiertamente herejías destructoras, y aun negarán al Señor que los rescató, atrayendo sobre sí mismos destrucción repentina" (2 Pedro 2:1)

Y a las del **apóstol Pablo**:

"Por tanto, mirad por vosotros, y por todo el rebaño en que el Espíritu Santo os ha puesto por obispos, para apacentar la iglesia del Señor, la cual él ganó por su propia sangre. Porque yo sé que después de mi partida **entrarán en medio de vosotros lobos rapaces,** que no perdonarán al rebaño. *Y de vosotros mismos se levantarán hombres que hablen cosas perversas para arrastrar tras sí a los discípulos.* (Hechos 20:28-30)

Quiero hacer eco también, de las palabras expresadas por el apóstol Pablo en la carta a los Efesios:

"...para que el Dios de nuestro Señor Jesucristo, el Padre de gloria, os dé espíritu de sabiduría y de revelación en el conocimiento de él, alumbrando los ojos de vuestro entendimiento, **para que sepáis cuál es la esperanza a que él os ha llamado**, y cuáles las riquezas de la gloria de su herencia en los santos, y cuál la supereminente

11

grandeza de su poder para con nosotros los que creemos, según la operación del poder de su fuerza"

(Efesios 1: 17-19)

Los judaizantes han provocado una confusión con respecto a quiénes son parte del pueblo de Dios, y quiénes no lo son; mientras que la Biblia sólo habla de un pueblo de Dios, el cual no es ni judío ni griego; sino que son todos aquellos que creen en Jesucristo y en su obra expiatoria en la cruz.

El Pacto Establecido

En este estudio estaremos hablando primeramente de lo que significa el pacto que Dios ha hecho con su pueblo Israel; y más adelante, nos enfocaremos en cómo nosotros, la iglesia cristiana, hemos sido beneficiados con lo que Cristo Jesús hizo y conquistó en la cruz, por el pacto realizado a través de la sangre que derramó.

Analizaremos lo que dicen las Sagradas Escrituras sobre nosotros, el Cuerpo de Cristo; de manera que podamos tener una base más sólida y podamos:

"...estar siempre preparados para presentar defensa con mansedumbre y reverencia ante todo el que nos demande razón de la esperanza que hay en nosotros" (1 Pedro 3:15).

Es importante que no nos dejemos confundir ni desviar cuando vengan a nosotros, con sus doctrinas extrañas, aquellos portadores de otro evangelio que no es el que, por revelación del Señor Jesús, predicó el apóstol Pablo; y sobre los cuales él nos dice:

"No que haya otro, sino que hay algunos que os perturban y quieren pervertir el evangelio de Cristo; Mas si aun nosotros, o un ángel del cielo, os anunciare otro evangelio diferente del que os hemos anunciado, sea anatema.

Como antes hemos dicho, también ahora lo repito: Si alguno os predica diferente evangelio del que habéis recibido, sea anatema" (Gálatas 1: 7-9)

La historia del pueblo de Israel, formado y elegido por Dios como Su pueblo especial sobre la tierra, se inicia en el libro de Génesis, cuando Dios le dijo a Abraham:

"... Yo soy el Dios Todopoderoso; anda delante de mí y sé perfecto. Y pondré mi pacto entre mí y ti, y te multiplicaré en gran manera"

"Estableceré mi pacto entre mí y ti, y tu descendencia después de ti en sus generaciones, por pacto perpetuo, para ser tu Dios, y el de tu descendencia después de ti ...En cuanto a ti, guardarás mi pacto, tú y tu descendencia después de ti por sus generaciones".

(Génesis 17: 1-2, 7-9)

Vemos aquí que, cuando Dios llama a Abraham y le dice que camine de manera recta y que sea perfecto delante de Él, es con el fin de establecer un pacto con él, el cual abarcará a toda su descendencia. Ese pacto implica que Dios velará por ellos, los ha de proteger, los bendecirá, los sostendrá, etc. Para Dios, de entre todos los pueblos de la tierra, éste será su pueblo, su especial tesoro.

La Primera Señal de Pacto

En los siguientes versículos, Dios explica las condiciones del pacto:

> "Este es mi pacto, que guardaréis entre mí y vosotros y tu descendencia después de ti: **será circuncidado** todo varón de entre vosotros" (vers. 10)

Este pacto tiene que ver con esta palabra: "circuncisión"

Les dice Dios:

> "Circuncidaréis pues la carne de vuestro prepucio **y será señal del pacto** entre mí y vosotros"   (vers. 11)

Significa que cuando un varón que es descendencia de Abraham y ha sido circuncidado como Dios ha dicho, a esa persona Dios le considera parte de ese pueblo especial del cual le dijo a Abraham que Él sería el Dios de ellos.

Dios ha dicho que el pacto con ellos "es un pacto perpetuo"; donde la palabra *"perpetua"* significa:

4 *"Que dura y permanece para siempre"*.

En los siguientes versículos, Dios da los detalles sobre quiénes, cómo y cuándo, deben ser circuncidados:

> "Y de edad de **ocho días** será circuncidado todo varón entre vosotros por vuestras generaciones; el nacido en casa, y el comprado por dinero a cualquier extranjero, que no fuere de tu linaje. Debe ser circuncidado el nacido en tu casa, y el comprado por tu dinero; y estará mi pacto en vuestra carne por pacto perpetuo"
> (Génesis 17: 12-13)

Para Dios, la señal de la circuncisión es tan significativa, que el varón que no sea circuncidado como Dios establece, "será cortado" (Vers. 14); queriendo decir que Dios no lo va a tener en cuenta como parte de su pueblo; y por la gran importancia que tiene este hecho para conservar su identidad, el pueblo de Israel *(los descendientes de Abraham)*, siempre ha estado circuncidando a sus hijos varones, al octavo día.

Ahora, el que Dios considere al pueblo de Israel como su especial tesoro, no implicaba que les evitaría pasar por momentos de sufrimiento. De hecho, Dios mismo le anunció a Abraham:

> "Ten por cierto que tu descendencia morará en tierra ajena, y será esclava allí, y será oprimida cuatrocientos años. Mas

16

también a la nación a la cual servirán, juzgaré yo; y después de esto saldrán con gran riqueza" (Génesis 15: 13-14)

Esa palabra se cumplió. En el libro de Éxodo se nos narra:

"...Y murió José, y todos sus hermanos, y toda aquella generación. Y los hijos de Israel fructificaron y se multiplicaron, y fueron aumentados y fortalecidos en extremo, y se llenó de ellos la tierra.

...Entonces pusieron sobre ellos comisarios de tributos que los molestasen con sus cargas...

... Y los egipcios hicieron servir a los hijos de Israel con dureza, y amargaron su vida con dura servidumbre, en hacer barro y ladrillo, y en toda labor del campo y en todo su servicio, al cual los obligaban con rigor". (Éx. 1: 6-14)

Más adelante, sigue el relato:

"Aconteció que después de muchos días murió el rey de Egipto, y los hijos de Israel gemían a causa de la servidumbre, y clamaron; y subió a Dios el clamor de ellos con motivo de su servidumbre. Y oyó Dios el gemido de ellos, y se acordó de su pacto con Abraham, Isaac y Jacob. Y miró Dios a los hijos de Israel, y los reconoció Dios" (Éxodo 2: 23-25)

17

Dios entonces se le apareció a Moisés y le encomendó la misión de sacar a su pueblo de la esclavitud de Faraón:

"Y dijo: Yo soy el Dios de tu padre, Dios de Abraham, Dios de Isaac, y Dios de Jacob... El clamor, pues, de los hijos de Israel ha venido delante de mí, y también he visto la opresión con que los egipcios los oprimen. Ven, por tanto, ahora, y te enviaré a Faraón, para que saques de Egipto a mi pueblo, los hijos de Israel." (Éxodo 3: 6-10)

La Segunda Señal de Pacto

La historia bíblica nos dice entonces que cuando Dios saca a su pueblo de Egipto establece **otra señal** que ha de identificar a su pueblo, aparte de la circuncisión: La señal de **la sangre** de la Pascua.

En **Éxodo 12: 1-28**, nos dice la Palabra que Dios, después que saca su pueblo de Egipto, manda a Moisés que realice el procedimiento de la pascua; y le explica cómo debe hacerse; el animal que debe escoger, el tiempo que debe ser separado, etc.

Además le dice:

> "Guardaréis esto por estatuto para vosotros y para vuestros hijos para siempre... guardaréis este rito." (Éxodo 12: 24-25)

Está hablando ahora de un **nuevo rito** que debería practicar **anualmente** el pueblo de Israel, como estatuto perpetuo, como recordatorio de lo que Dios hizo por ellos.

En el capítulo 24 del libro de Éxodo, cuando Moisés estaba en el Monte Sinaí, se nos dice:

> "Y Moisés escribió todas las palabras de Jehová, y levantándose de mañana edificó un altar al pie del monte, y doce columnas, según las doce tribus de Israel. Y envió jóvenes de los hijos de Israel, los cuales ofrecieron holocaustos y becerros como sacrificios de paz a Jehová.
>
> Y Moisés tomó la mitad de la sangre, y la puso en tazones, y **esparció la otra mitad de la sangre sobre el altar**. Y tomó el libro del pacto y lo leyó a oídos del pueblo, el cual dijo: Haremos todas las cosas que Jehová ha dicho, y obedeceremos.
>
> Entonces Moisés tomó la sangre y roció sobre el pueblo, y dijo: **He aquí la sangre del pacto** que Jehová ha hecho con vosotros sobre todas estas cosas" (Éxodo 24: 4-8)

Con Moisés como intermediario, ese día se estaba haciendo un pacto entre Dios y el pueblo de Israel; y este procedimiento sería establecido como rito perpetuo.

Cada año el sumo sacerdote, sirviendo de intermediario entre el pueblo y Dios; y en un día específico llamado el "Día de la Expiación", presentaría a Dios la sangre de un animal puro, sin defectos, el cual fue sacrificado como indicio de que hubo muerte con derramamiento de sangre; y pediría entonces que Dios perdonase todas las transgresiones que hubiere cometido el pueblo durante todo ese año.

⬥ Esa sangre derramada y presentada a Dios, es la señal de un pacto, de un acuerdo, de un compromiso **de parte y parte**, entre Dios y su pueblo.

Es muy importante comprender que un pacto debe ser cumplido de **ambas partes**. No es solamente de un lado que debe ser cumplido, sino de ambos lados.

Dios es fiel a lo que promete; Dios nunca va a violar un pacto. Él siempre hará las cosas que dice que va a hacer; pero Dios espera también de la otra parte, que no le fallen en lo que se comprometió a hacer.

¿Qué sucedió?, que el pueblo de Israel falló, fracasó, violó el pacto, ofendió el compromiso, se burló del Dios Todopoderoso delante de quien había prometido y dicho:

> "Acércate tú, y oye todas las cosas que dijere Jehová nuestro Dios; y tú nos dirás todo lo que Jehová nuestro Dios te dijere, y **nosotros oiremos y haremos**"
>
> (Deuteronomio 5:27)

Dijo Jeremías:

> "Así ha dicho Jehová de los ejércitos, Dios de Israel...
>
> ...Mas esto les mandé, diciendo: Escuchad mi voz, y seré a vosotros por Dios, y vosotros me seréis por pueblo; y andad en todo camino que os mande, para que os vaya bien. Y no oyeron ni inclinaron su oído; antes caminaron en sus propios consejos, en la dureza de su corazón malvado, y fueron hacia atrás y no hacia adelante, desde el día que vuestros padres salieron de la tierra de Egipto hasta hoy.
>
> Y os envié todos los profetas mis siervos, enviándolos desde temprano y sin cesar; pero no me oyeron ni inclinaron su oído, sino que endurecieron su cerviz, e hicieron peor que sus padres" (Jeremías 7: 21-26)

Es desconcertante saber que el Dios Todopoderoso que procura siempre nuestro bienestar y por causa de Su justicia, tenga que declarar palabras fuertes contra su pueblo por causa de la desobediencia de ellos.

Al respecto, la Biblia nos cuenta lo siguiente:

"Y Jehová el Dios de sus padres envió constantemente palabra a ellos por medio de sus mensajeros, porque él tenía misericordia de su pueblo y de su habitación. Mas ellos hacían escarnio de los mensajeros de Dios, y menospreciaban sus palabras, burlándose de sus profetas, **hasta que subió la ira de Jehová contra su pueblo, y no hubo ya remedio.**

Por lo cual trajo contra ellos al rey de los caldeos, que mató a espada a sus jóvenes en la casa de su santuario, sin perdonar joven ni doncella, anciano ni decrépito; todos los entregó en sus manos. Asimismo todos los utensilios de la casa de Dios, grandes y chicos, los tesoros de la casa de Jehová, y los tesoros de la casa del rey y de sus príncipes, todo lo llevó a Babilonia.

Y quemaron la casa de Dios, y rompieron el muro de Jerusalén, y consumieron a fuego todos sus palacios, y destruyeron todos sus objetos deseables. Los que escaparon de la espada fueron llevados cautivos a Babilonia, y fueron siervos de él y de sus hijos, hasta que vino el reino de los persas" (2 Crónicas 36: 15-20)

Cualquier persona que no conozca a Dios, inmediatamente razona que el castigo fue exagerado; que no se hizo justicia, etc. Sin embargo, los que sí conocen a Dios, Su santidad y Su justicia, no le atribuyen despropósito alguno.

Como ejemplo vemos que Esdras, varias décadas más tarde, puede declarar a Dios lo siguiente:

> "Les soportaste por muchos años, y les testificaste con tu Espíritu por medio de tus profetas, pero no escucharon; por lo cual los entregaste en mano de los pueblos de la tierra. Mas por tus muchas misericordias no los consumiste, ni los desamparaste; porque eres Dios clemente y misericordioso.
>
> Ahora pues, Dios nuestro, Dios grande, fuerte, temible, **que guardas el pacto y la misericordia,** no sea tenido en poco delante de ti todo el sufrimiento que ha alcanzado a nuestros reyes, a nuestros príncipes, a nuestros sacerdotes, a nuestros profetas, a nuestros padres y a todo tu pueblo, desde los días de los reyes de Asiria hasta este día.
>
> *Pero* **tú eres justo** *en todo lo que ha venido sobre nosotros; porque* **rectamente has hecho,** *mas nosotros hemos hecho lo malo.* Nuestros reyes, nuestros príncipes, nuestros sacerdotes y nuestros padres no pusieron por obra tu ley, ni atendieron a tus mandamientos y a tus testimonios con que les amonestabas.

Y ellos en su reino y en tu mucho bien que les diste, y en la tierra espaciosa y fértil que entregaste delante de ellos, no te sirvieron, ni se convirtieron de sus malas obras".

(Nehemías 9: 30-35)

Como vemos, las misericordias de Dios son muchas. Dios se compadece del castigo y busca la restauración de su pueblo.

Después de castigar a los culpables de la rotura del pacto de la sangre, Dios ofrece hacer otro pacto con el pueblo de Israel. Será un pacto tan poderoso, que Dios mismo les dará la manera para que ellos lo cumplan y no tengan que sufrir otra destrucción como la que sus antepasados sufrieron.

Así declara Jeremías de parte de Dios:

"He aquí que vienen días, dice Jehová, en los cuales haré nuevo pacto con la casa de Israel y con la casa de Judá. No como el pacto que hice con sus padres el día que tomé su mano para sacarlos de la tierra de Egipto; **porque ellos invalidaron mi pacto**, aunque fui yo un marido para ellos, dice Jehová.

Pero este es el pacto que haré con la casa de Israel después de aquellos días, dice Jehová: <u>Daré mi ley en su mente, y la escribiré en su corazón</u>; y yo seré a ellos por Dios, y ellos me serán por pueblo..."

(Jeremías 31: 31-34)

Dios expresa que el pacto que Él hizo con el pueblo por medio de Moisés, **fue invalidado por ellos**. Los israelitas no respetaron las condiciones del pacto, y Dios **declaró nulo** dicho pacto; pero aquellos que invalidaron el pacto murieron porque Dios, como castigo sobre ellos, mandó a los asirios y a los babilonios, los cuales los destruyeron; Pero luego **al remanente** que quedó, Dios lo vuelve a levantar y les dice "haré otro pacto con ustedes".

NOTEMOS ALGO: Dios no ha mencionado para nada la circuncisión, pues ellos se seguían circuncidando. El pacto que violaron no fue el que hizo con Abraham sino el pacto que fue hecho por medio de Moisés: No guardaron los mandamientos ni las ordenanzas que Dios había dicho que debían guardar para mantenerse bajo ese pacto.

Ahora Dios dice aquí: "El pacto de la sangre, Yo lo vuelvo a hacer; será nuevo y diferente. No será como aquel cuando los saqué de Egipto. En esta oportunidad, no les voy a dar la ley en tablas de piedra, sino que se la voy a escribir en sus propios corazones, para que la entiendan y la guarden"

Esta vez, Dios mismo sería que cumpliría todas sus demandas de obediencia, justicia, juicio y perfección; y Él mismo también estaría en su pueblo, para dirigirles desde adentro; y para ayudarles a cumplir todos sus mandamientos.

La Santa Biblia declara que Dios mismo vendría a la tierra en forma humana para cumplir Él mismo, todas las condiciones requeridas:

"Por tanto, el Señor mismo os dará señal: He aquí que la virgen concebirá, y dará a luz un hijo, y llamará su nombre **Emanuel**." (Isaías 7:14)

El nombre "Emanuel" significa: **Dios** con nosotros

Otras características que nos da la profecía sobre este niño que nacería son:

"... el principado sobre su hombro; y se llamará su nombre Admirable, Consejero, **Dios Fuerte**, **Padre Eterno**, Príncipe de Paz" (Isaías 9:6)

Y también:

"...**reposará sobre él el Espíritu de Jehová**; espíritu de sabiduría y de inteligencia, espíritu de consejo y de poder, espíritu de conocimiento y de temor de Jehová." (Is. 11:2)

La misión principal de ese niño que nacería de una mujer virgen, sería: Llevar nuestras enfermedades, sufrir nuestros dolores, ser herido por causa de nuestras rebeliones, sufrir el castigo para alcanzar nuestra paz... poniendo su vida en expiación por nuestras propias vidas.

"Ciertamente llevó él nuestras enfermedades, y sufrió nuestros dolores; y nosotros le tuvimos por azotado, por herido de Dios y abatido. Mas él herido fue por nuestras rebeliones, molido por nuestros pecados; el castigo de nuestra paz fue sobre él, y por su llaga fuimos nosotros curados".

"Todos nosotros nos descarriamos como ovejas, cada cual se apartó por su camino; mas Jehová cargó en él el pecado de todos nosotros... Cuando haya puesto su vida en expiación por el pecado, verá linaje, vivirá por largos días, y la voluntad de Jehová será en su mano prosperada" (Isaías 53:4-6, 10)

Ahora analicemos el cumplimiento de esa promesa.

La Biblia declara que Jesucristo, el unigénito Hijo de Dios, vino a la tierra; y por intermedio de Él se hizo este nuevo pacto.

Así nos dice la Palabra:

27

"En el principio era el **Verbo**, y el Verbo era con Dios, y el Verbo **era Dios**... En el mundo estaba, y el mundo por él fue hecho; pero el mundo no le conoció. A lo suyo vino, y los suyos no le recibieron...

Y <u>aquel Verbo fue hecho carne</u>, y habitó entre nosotros (y vimos su gloria, gloria como del unigénito del Padre), lleno de gracia y de verdad"   (Juan 1:1, 10-11, 14)

"Haya, pues, en vosotros este sentir que hubo también en **Cristo Jesús**, el cual, siendo en forma de Dios, no estimó el **ser igual a Dios** como cosa a que aferrarse;

Sino que se despojó a sí mismo, tomando forma de siervo, hecho semejante a los hombres; y estando en la condición de hombre, se humilló a sí mismo, **haciéndose obediente hasta la muerte**, y muerte de cruz" (Filipenses 2 5-8)

La Biblia nos dice que el **Verbo de Dios** nació de una mujer virgen, llamada María:

"Al sexto mes el ángel Gabriel fue enviado por Dios a una ciudad de Galilea, llamada Nazaret, a una virgen desposada con un varón que se llamaba José, de la casa de David; y el nombre de la virgen era María.

Y entrando el ángel en donde ella estaba, dijo: ¡Salve, muy favorecida! El Señor es contigo; bendita tú entre las mujeres. Mas ella, cuando le vio, se turbó por sus palabras, y pensaba qué salutación sería esta. Entonces el ángel le dijo: María, no temas, porque has hallado gracia delante de Dios.

Y ahora, concebirás en tu vientre, y darás a luz un hijo, y llamarás su nombre JESÚS. Este será grande, y será llamado Hijo del Altísimo; y el Señor Dios le dará el trono de David su padre; y reinará sobre la casa de Jacob para siempre, y su reino no tendrá fin.

Entonces María dijo al ángel: ¿Cómo será esto? pues no conozco varón. Respondiendo el ángel, le dijo: El Espíritu Santo vendrá sobre ti, y el poder del Altísimo te cubrirá con su sombra; por lo cual también el Santo Ser que nacerá, será llamado Hijo de Dios"   (Lucas 1: 26-35)

Jesús nació en los días cuando Augusto César era el emperador de Roma (ver Lucas 2: 1-7); y vivió una vida perfecta delante de Dios.

Él mismo pudo preguntar a los judíos: *"¿Quién de vosotros me redarguye de pecado?"*   (Juan 8:46);

Y también pudo declarar: *"...viene el príncipe de este mundo, **y él nada tiene en mí"*** (Juan 14:30)

El escritor de la carta a los hebreos, dice de Él:

"Por tanto, teniendo un gran sumo sacerdote que traspasó los cielos, Jesús el Hijo de Dios, retengamos nuestra profesión. Porque no tenemos un sumo sacerdote que no pueda compadecerse de nuestras debilidades, sino uno que fue **tentado en todo** según nuestra semejanza, **pero sin pecado**" (Hebreos 4: 14-15)

Y el apóstol Pedro, al hablar a la casa de Cornelio sobre el ministerio terrenal de Cristo Jesús, también testifica:

"Dios envió mensaje a los hijos de Israel, anunciando el evangelio de la paz por medio de Jesucristo; éste es Señor de todos. Vosotros sabéis lo que se divulgó por toda Judea, comenzando desde Galilea, después del bautismo que predicó Juan: cómo Dios ungió con el Espíritu Santo y con poder a Jesús de Nazaret, y **cómo éste anduvo** haciendo bienes y sanando a todos los oprimidos por el diablo, porque Dios estaba con él"
(Hechos 10: 36-38)

Otros decían:

"...nunca se ha visto cosa semejante en Israel" (Mateo 9:33)

"...la gente se admiraba de su doctrina; porque les enseñaba como quien tiene autoridad, y no como los escribas" (Mateo 7: 28-29)

30

"Y muchos de la multitud creyeron en él, y decían: El Cristo, cuando venga, ¿hará más señales que las que éste hace?" (Juan 7:31)

Jesucristo demostró quién era de múltiples maneras; y realizó numerosos milagros para testimonio de todos los de su nación y para todas las otras naciones de la tierra, por todas las generaciones;

Y para culminar con gloria su ministerio terrenal, cuando ya estaba para ser entregado, torturado y ejecutado, a fin de llevar a cabo la etapa final de su misión en la tierra, el nuevo pacto, Jesús estableció lo que llamamos "La Santa Cena".

Nos narra la historia bíblica:

"Y mientras comían, tomó Jesús el pan, y bendijo, y lo partió, y dio a sus discípulos, y dijo: Tomad, comed; esto es mi cuerpo. Y tomando la copa, y habiendo dado gracias, les dio, diciendo: Bebed de ella todos; porque **esto es mi sangre del nuevo pacto**, que por muchos es derramada para remisión de los pecados".

(Mateo 26: 26-28)

Recordemos que anteriormente estuvimos hablando de un pacto hecho por intermedio de Moisés, quien derramó la sangre de un animal que fue victimizado, la roció y dijo "He aquí la sangre de este pacto..." (Éxodo 24:8)

31

Recordemos también que ese pacto fue quebrantado:

"...la casa de Israel y la casa de Judá **invalidaron** mi pacto, el cual había yo concertado con sus padres..."
(Jeremías 11:10)

Y que Dios dijo:

"voy a hacer un **nuevo pacto**"...   (Jeremías 31:31)

Ahora Jesús dice aquí: "esta sangre que Yo voy a derramar es **la sangre requerida para sellar ese nuevo pacto**".

No será ningún animal que será sacrificado; sino que es **Dios mismo encarnado en Jesucristo** que iba a dar su vida.

Jesús no podría morir de cualquier manera, sino que debía derramar su sangre al morir.

Según nos dice el libro de Hebreos:

"Y casi todo es purificado, según la ley, con sangre; y **sin derramamiento de sangre no se hace remisión**"
(Hebreos 9:22)

El Señor Jesús no podía clavarse Él mismo, ni podía provocarse ninguna cortadura para derramar su sangre; sino que tenía que ser alguien que lo ejecutara, que lo sacrificara... y así mismo sucedió.

32

La manera que hicieron con Él, provocó que toda su sangre saliera de su cuerpo; y según Jesús había declarado, esa era **"la sangre del nuevo pacto...** *derramada para la remisión de pecados"*.

La sangre que Jesús derramó cumplió los requisitos exigidos por la justicia de Dios.

Hoy en día, no tenemos necesidad de derramar sangre para poder agradar a Dios o para poder conseguir Su favor, porque ya fue derramada la sangre que satisfizo a Dios, la sangre de Jesucristo.

Como nos dice el apóstol Pablo:

> "...nuestra pascua, que es Cristo, **ya fue sacrificada** por nosotros. Así que celebremos la fiesta, no con la vieja levadura, ni con la levadura de malicia y de maldad, sino con panes sin levadura, de sinceridad y de verdad"
>
> (1 Corintios 5: 7-8)

No hay necesidad, repito, de seguir haciendo sacrificios; porque el único sacrificio acepto para siempre delante del Padre, que tiene un valor eterno, fue el sacrificio de su propio Hijo como Cordero Perfecto que se dejó inmolar por personas inmundas para, por medio y por causa de esa sangre que derramó, limpiar los pecados de los seres humanos que creyeran el Él.

Lo que sí es necesario, es vivir vidas agradables delante de Dios, como nos dice la Palabra:

"Por lo demás, hermanos, os rogamos y exhortamos en el Señor Jesús, que de la manera que aprendisteis de nosotros **cómo os conviene conduciros y agradar a Dios**, así abundéis más y más.

Porque ya sabéis qué instrucciones os dimos por el Señor Jesús; pues <u>la voluntad de Dios es vuestra santificación</u>; que os apartéis de fornicación; que cada uno de vosotros sepa tener su propia esposa en santidad y honor;

No en pasión de concupiscencia, como los gentiles que no conocen a Dios;

Que ninguno agravie ni engañe en nada a su hermano; porque el Señor es vengador de todo esto, como ya os hemos dicho y testificado. Pues no nos ha llamado Dios a inmundicia, sino a santificación" (1 Tesalonicenses 4: 1-7)

Ahora bien, recordemos que han sido **dos pactos** los que han caracterizado el trato de Dios con el pueblo de Israel: El pacto de la **circuncisión** y el pacto de la **sangre.**

Hasta aquí hemos hablado de la **sustitución** del pacto de sangre, pero todavía no hemos hablado nada de la sustitución del pacto de la circuncisión; y es en ese sentido que enfocaremos ahora nuestro análisis...

La sustitución del pacto de la circuncisión

Una característica muy particular de Jesús, era que enfrentaba dura y abiertamente a los judíos que estaban a cargo de la instrucción del pueblo. Les llamaba frecuentemente "**hipócritas**" y les hacía ver que usaban "máscaras", eran de doble ánimo, y no eran sinceros *(Ver, por ejemplo, Mateo 23: 1-36)*

Una vez, el Señor Jesús tuvo el siguiente altercado con ellos:

> "...Le respondieron: **Linaje de Abraham somos**, y jamás hemos sido esclavos de nadie...Respondieron y le dijeron: Nuestro padre es Abraham. Jesús les dijo: **Si fueseis hijos de Abraham**, las obras de Abraham haríais... Vosotros hacéis las obras de vuestro padre. Entonces le dijeron: Nosotros no somos nacidos de fornicación; un padre tenemos, que es Dios. Jesús entonces les dijo: **Si vuestro padre fuese Dios**, ciertamente me amaríais;

porque yo de Dios he salido, y he venido; pues no he venido de mí mismo, sino que él me envió.

... **Vosotros sois de vuestro padre el diablo**, y los deseos de vuestro padre queréis hacer. El ha sido homicida desde el principio, y no ha permanecido en la verdad, porque no hay verdad en él. Cuando habla mentira, de suyo habla; porque es mentiroso, y padre de mentira"

(Juan 8: 33-44)

Juan el bautista también les dijo:

"Haced, pues, frutos dignos de arrepentimiento, y no comencéis a decir dentro de vosotros mismos: Tenemos a Abraham por padre; porque os digo que Dios puede levantar hijos a Abraham aun de estas piedras" (Lucas 3:8)

Y **el apóstol Pablo**, hablando a aquellos judíos que se creían que por el hecho de haber sido circuncidados al octavo día ya estaban seguros en Dios, hizo la siguiente declaración:

"...en verdad la circuncisión aprovecha **si** guardas la ley; pero si eres transgresor de la ley, tu circuncisión viene a ser incircuncisión" (Romanos 2:25)

En otras palabras, por el hecho de haber nacido en un vientre judío no les da a ellos garantías de que ya están cumpliendo con las demandas de Dios; sino que **la circuncisión está ligada** a la obediencia a la ley.

Hemos leído en Romanos 2:25 que "la circuncisión aprovecha" (solo con el **sí condicional**) "si guardas la ley". Por lo tanto, aquellos que han sido circuncidados al octavo día, si son transgresores de la ley, su circuncisión viene a ser incircuncisión para ellos; o dicho en otras palabras, no difieren en nada de los gentiles que nunca fueron circuncidados.

Más adelante, en el mismo capítulo 2 de la carta de Pablo a los romanos, leemos:

> "Si, pues, el incircunciso guardare las ordenanzas de la ley, ¿no será tenida su incircuncisión como circuncisión? Y el que físicamente es incircunciso, pero guarda perfectamente la ley, te condenará a ti, que con la letra de la ley y con la circuncisión eres transgresor de la ley.
>
> Pues **no es judío** el que lo es exteriormente, ni **es la circuncisión** la que se hace exteriormente en la carne; sino que es judío el que lo es **en lo interior,** y la circuncisión es **la del corazón, en espíritu,** no en letra; la alabanza del cual no viene de los hombres, sino de Dios."   (Romanos 2: 26-29)

Al final, entonces, no es la circuncisión la que vale sino el **guardar** lo que Dios ha dicho que se debe guardar. Por eso Pablo declara:

"Porque en Cristo Jesús ni la circuncisión vale nada, ni la incircuncisión, sino una nueva creación"   (Gálatas 6:15)

Es tremendo esto que el apóstol Pablo dice, porque ofende de manera muy particular a todos aquellos que tienen orgullo de que "le circuncidaron al octavo día"...

Él les dice: *"si guardas la ley*, entonces sí te vale de mucho; *pero si eres transgresor* de la ley, eso no vale nada"

Recordemos que quien, por revelación de Dios, está diciendo esas palabras, es alguien que ha dicho de sí mismo:

"Aunque yo tengo también de qué confiar en la carne. Si alguno piensa que tiene de qué confiar en la carne, yo más: circuncidado al octavo día, del linaje de Israel, de la tribu de Benjamín, hebreo de hebreos; en cuanto a la ley, fariseo; en cuanto a celo, perseguidor de la iglesia; en cuanto a la justicia que es en la ley, irreprensible"
(Filipenses 3: 4:6)

Al recibir Pablo la revelación de Dios, después de Cristo haber dado su vida en la cruz del calvario, enseña que el pacto de la circuncisión "NO ha sido bien interpretado".

38

Nos da a entender que Dios está buscando **corazones** circuncidados; Dios está buscando un comportamiento correcto desde **adentro**, no una apariencia de afuera.

No porque alguien aparente ser un santo significa que verdaderamente sea un santo. La apariencia muchas veces confunde.

Dios le dijo una vez al profeta Samuel:

> "Jehová no mira lo que mira el hombre; pues el hombre mira lo que está delante de sus ojos, pero Jehová mira el corazón"   (1 Samuel 16:7)

Dios mira el corazón:

> "...*pues no es judío el que lo es exteriormente, ni es la circuncisión la que se hace exteriormente en la carne*"

Pablo parece que está contradiciendo lo que leíamos en Génesis 17:10-14, cuando Dios hacía el pacto con Abraham; pero realmente lo que él está haciendo es dando el entendimiento correcto de lo que significa para Dios, ser circuncidado.

Así lo explica:

"No que la palabra de Dios haya fallado; porque no todos los que descienden de Israel son israelitas, ni por ser descendientes de Abraham, son todos hijos; sino: En Isaac te será llamada descendencia.

Esto es: No los que son hijos según la carne son los hijos de Dios, sino que los que son **hijos según la promesa** son contados como descendientes.

Porque la palabra de la promesa es esta: Por este tiempo vendré, y Sara tendrá un hijo" (Romanos 9: 6-9)

Ahora Pablo nos dice que **hay dos clases de hijos**: unos según la carne, y otros según la promesa; y dice que los que son llamados como descendientes de Abraham son solo aquellos nacidos según la promesa *(aunque todos ellos se creen que son descendientes de Abraham)*

En la carta que envió a los Gálatas, nos explica mejor:

"Decidme, los que queréis estar bajo la ley: ¿no habéis oído la ley? Porque está escrito que Abraham tuvo dos hijos; uno de la esclava, el otro de la libre. Pero el de la esclava nació según la carne; mas el de la libre, por la promesa. Lo cual es una **alegoría**, pues estas mujeres **son los dos pactos**; el uno proviene del monte Sinaí, el cual da hijos para esclavitud; éste es Agar"

(Gálatas 4: 21-24)

Aparte de aclarar a los judíos **el alcance y limitaciones** de los pactos citados, el apóstol Pablo también trata un importante punto con respecto a los gentiles (los que no son judíos):

> "Pues os digo, que Cristo Jesús vino a ser siervo de la circuncisión para mostrar la verdad de Dios, para confirmar las promesas hechas a los padres, y **para que los gentiles glorifiquen a Dios** por su misericordia, como está escrito: Por tanto, yo te confesaré entre los gentiles, Y cantaré a tu nombre"   (Romanos 15: 8-9)

Sigue diciendo la Palabra:

> "Y otra vez dice Isaías: Estará la raíz de Isaí, Y el que se levantará a regir los gentiles; Los gentiles esperarán en él"   (Romanos 15:12)

Cristo Jesús vino a ser siervo de la circuncisión... para mostrar la verdad de Dios y para confirmar las promesas hechas a los padres; aunque Pablo ahora está hablando de lo que Dios ha hecho por medio de Cristo para beneficio no solo de los judíos, sino también de los gentiles, para permitir que los gentiles pudieran buscar, encontrar y glorificar a Dios.

Ahora vemos nosotros que **una de las razones por las cuales Jesús se circuncidó**, fue para poder cubrir con su circuncisión a aquellos que no fueron circuncidados cuando niños, pero que ahora creen en Él.

En otras palabras, <u>Cristo se circuncidó por nosotros</u>; Cristo fue justo para justificarnos a nosotros; Cristo dio su vida para que pudiéramos vivir; Cristo vino a ser el que ha permitido que vengan a nosotros todas las cosas buenas, todas las bendiciones, todas las promesas.

Así lo dice la palabra:

"Y **vosotros estáis completos en él**, que es la cabeza de todo principado y potestad. **En él también fuisteis circuncidados** con circuncisión no hecha a mano, al echar de vosotros el cuerpo pecaminoso carnal, en la circuncisión de Cristo" (Colosenses 2: 10-11)

Significa entonces que para todos los gentiles que creen en Cristo Jesús, todas las promesas que Dios le dio a Abraham cuando le mandó el pacto de la circuncisión, son válidas. Cristo es para nosotros lo único que necesitamos para estar en paz con Dios; y porque tenemos a Cristo, ya lo tenemos todo.

Jesucristo, Justicia nuestra

Hemos visto anteriormente (Romanos 2: 26-29) al apóstol Pablo aclarando que, en el término espiritual, no son judíos los que nacen de vientre judío; sino *los que naciendo de vientre judío,* **también** *guardan estrictamente la ley.*

Hay muchos judíos que guardan los ritos, las fiestas y todo lo que les manda la ley de Moisés. A esos, Pablo les dice que son **verdaderos judíos**; pero hay otros que no guardan nada pero se dicen ser judíos. A éstos, pablo les dice que, espiritualmente hablando, ellos no son **nada**.

De igual manera, nos dice que aquellos gentiles que siempre han vivido apartados de Dios, que siempre han vivido una vida desordenada sin tener en cuenta a Dios, que no conocían de promesas ni de nada... dice, los gentiles van a conocerlo a Él (a Dios), por causa de Cristo, que fue circuncidado.

Es de suma importancia comprender el nivel de bendición que tenemos nosotros los que estamos en Cristo. Veamos algo más de lo que Pablo nos dice en su carta a los Romanos:

"Hermanos, ciertamente el anhelo de mi corazón, y mi oración a Dios por Israel, es para salvación. Porque yo les doy testimonio de que **tienen celo de Dios**, pero no conforme a ciencia.

Porque ignorando la justicia de Dios, y procurando establecer la suya propia, no se han sujetado a la justicia de Dios; porque **el fin de la ley es Cristo**, para justicia a todo aquel que cree" (Romanos 10: 1-4)

Pablo nos dice que los israelitas están procurando, por medio de su propia justicia, ser aceptados delante de Dios. Ellos continúan **tratando de cumplir** todas las ordenanzas que Dios tiene en su palabra, **y no pueden lograrlo**; Sin embargo, Dios desea que todos los israelitas entiendan el valor del sacrificio de Cristo, para que también a ellos les sea aplicada la perfecta justicia de Dios que ya fue hecha en Él.

Debemos entender que Jesucristo cumplió a perfección con todas las demandas que el Padre exigía; y que para aquellos que creemos en Él, se convierte en nuestra justicia.

Jesús es nuestra justicia. Él es aquel que en todo es y fue perfecto; y si nosotros creemos en Él, Dios nos dice entonces: *"por ustedes estar cubiertos en Él, ustedes también son hechos perfectos por Él"*.

La Biblia nos dice que toda persona que crea y confiese al Señor, tendrá salvación.

> "... Porque **no hay diferencia entre judío y griego**, pues el mismo que es Señor de todos, es rico para con todos los que le invocan; porque todo aquel que invocare el nombre del Señor, será salvo" (Romanos 10: 12-13)

Así que, no podemos tratar de ganarnos el favor de Dios con nuestra propia justicia; sino que debemos buscar, aceptar y aplicar la justicia de Dios que es hecha por medio de Cristo para beneficio de todos los creyentes.

¿Judío o Gentil? - La aplicación es diferente

La Biblia nos dice que los judíos mesiánicos, si desean, pueden seguir guardando la ley y continuar realizando todos los ritos que fueron dados por Dios a Moisés y a Abraham.

Esto es así, porque un judío que nació de vientre judío, cuya madre fue judía, y fue circuncidado al octavo día; ese judío que ha practicado los ritos judíos; guarda las fiestas judías, los días judíos, etc. Todo lo guarda, toda la vida... hasta que de repente conoce a Cristo como su Señor.

Entonces, él se vuelve mesiánico; pero si desea, puede seguir desarrollando los mismos ritos, las mismas costumbres... **no tiene que convertirse a cristiano**; ya que ningún judío mesiánico tiene que convertirse en cristiano para ser parte del Cuerpo de Cristo, la Iglesia de Dios en el mundo.

Es por esto que nos narra la Biblia, cuando Pablo viajó a Jerusalén, lo siguiente:

"Cuando llegamos a Jerusalén, los hermanos nos recibieron con gozo. Y al día siguiente Pablo entró con nosotros a ver a Jacobo, y se hallaban reunidos todos los ancianos;

A los cuales, después de haberles saludado, les contó una por una las cosas que Dios había hecho entre los gentiles por su ministerio. Cuando ellos lo oyeron, glorificaron a Dios, y le dijeron: Ya ves, hermano, cuántos millares de judíos hay que han creído; y **todos son celosos por la ley"** (Hechos 21: 17-20)

En otras palabras, para que un judío reciba la gracia de Dios y la justificación en Cristo para la salvación de su alma, lo único que tiene que hacer es reconocer que Jesucristo es el Mesías; y si desea, puede seguir viviendo la vida religiosa que llevaba...

Solo que ahora ya no estaría guardando alguna ley o celebrando alguna fiesta para ser justificado delante de Dios; sino, porque **"es su costumbre familiar"**.

De igual manera, si alguno de ellos dijera *"no voy a seguir haciendo las obras de la ley ni practicando los ritos religiosos"*, también estaría bien ya que **ahora en Cristo no es obligatorio** guardar esas cosas, aunque para los judíos tampoco es prohibido.

Esta alternativa la tienen solo los judíos.

Ahora, a diferencia de una persona no-judía que alguien le habló de la gracia de Dios y conoció a Cristo; si sucediera que se le acerca un judaizante moderno y le dice algo semejante a esto:

- "¿Eres cristiano?", "sí";

- "¿Sabías que Cristo fue judío?", "sí lo sabía";

- "Por lo tanto, tú tienes que ser judío también", "¿por qué?";

- "porque el judío es el pueblo de Dios, para que puedas ser parte del pueblo tienes que serlo"...

    ...ya eso es otra cosa.

Y ese es precisamente la situación que estoy tratando de exponer en este estudio, porque por doquier aparecen personas que se meten en las iglesias cristianas para tratar de volver judíos a los cristianos. Déjeme decirles, es un cáncer hoy en día en las iglesias cristianas de Latinoamérica y de muchas otras ciudades del mundo.

Lo que realmente están haciendo esos judaizantes modernos, es asustando y confundiendo a los hermanos cristianos.

Entran muy sigilosamente y al final les presentan el *"tienes que convertirte al judaísmo"*, lo cual es totalmente errado.

Están procurando que los cristianos renuncien a la gracia y ahora crean que necesitan ser judíos para poder ser parte del pueblo de Dios.

Con ese comportamiento, los judaizantes modernos tratan de invalidar el nuevo pacto hecho por Cristo y en Él; buscan invalidar el poder de la sangre de Cristo para perdonar nuestros pecados; y tratan de convencer a los cristianos de que, **si** se sujetan para cumplir todas las 613 normas, leyes, preceptos, estatutos, decretos, y ordenanzas que Dios tiene para el pueblo judío, **entonces** son parte del pueblo escogido de Dios *(lo cual es absolutamente falso)*

La Biblia dice:

"Estad, pues, firmes en la libertad con que Cristo nos hizo libres, y no estéis otra vez sujetos al yugo de esclavitud.

He aquí, yo Pablo os digo que si os circuncidáis, de nada os aprovechará Cristo. Y otra vez testifico a todo hombre que se circuncida, que está obligado a guardar toda la ley. De Cristo os desligasteis, los que por la ley os justificáis; de la gracia habéis caído"   (Gálatas 5: 1-4)

No te dejes confundir. La verdad está revelada en la Palabra. Si alguien contradice la Palabra, el tal es mentiroso. No le creas. La Biblia nos dice muy claramente que tanto a los gentiles como a los judíos se nos permite la entrada al Padre:

"...Y vino y anunció las buenas nuevas de paz a vosotros que estabais lejos y a los que estaban cerca, porque por medio de **Él los unos y los otros** tenemos entrada, por un mismo Espíritu, al Padre; así que ya no sois extranjeros ni advenedizos, sino conciudadanos y miembros de la familia de Dios"   (Efesios 2: 17-19)

"Así que, hermanos, **teniendo libertad para entrar en el Lugar Santísimo** por la sangre de Jesucristo, por el camino nuevo y vivo que él nos abrió a través del velo, esto es, de su carne, y teniendo un gran sacerdote sobre la casa de Dios, acerquémonos con corazón sincero, en plena certidumbre de fe..." (Hebreos 10: 19-22)

Ten mucho cuidado con esos "judíos" que andan por ahí predicando, o más bien judaizando; porque lo que quieren es hacerte creer que las doctrinas de la Biblia no son suficientes para uno ser salvo. Normalmente comienzan muy sutilmente y luego terminan negando a Cristo, negando la Trinidad, negando la Biblia, negando muchas cosas... y uno se confunde como no tiene idea, pues son astutos y pareciera que están hablando la verdad.

Usted no ha visto un judío verdadero predicando en una iglesia cristiana, tratando de convertir al judaísmo a los cristianos. Eso usted no lo ve, ni lo verá. Ellos no hacen eso; pero sin embargo, hay muchos que visitan las iglesias cristianas y vienen vestidos como judíos y hablando ciertas palabras extrañas...

Si te encuentras con alguno de ellos, pregúntale: ¿De qué vientre nació? **Esa es la clave.**

"Señor judío, ¿de dónde usted vino?", "de tal sitio"; "¿y desde niño usted fue judío?", "no, me convertí..."; Dígale, de la forma más cortés que pueda: "Usted en verdad es un falso, usted no es judío"...

Tengamos en cuenta el consejo bíblico, que nos dice:

> "Mirad que nadie os engañe por medio de filosofías y huecas sutilezas, según las tradiciones de los hombres, conforme a los rudimentos del mundo, y no según Cristo.
>
> Porque en él habita corporalmente toda la plenitud de la Deidad, y **vosotros estáis completos en él**, que es la cabeza de todo principado y potestad" (Colosenses 2: 8-10)

Esta es una gran una noticia: Ya estamos completos en Cristo; es decir, no nos falta nada. Todo lo que podríamos tener, ya lo tenemos en Cristo...TODO.

Tú no necesitas más que a Cristo para estar bien con Dios.

Ya Cristo venció por ti. Recibe la libertad... y ¡Cuídala!

Pablo sigue diciendo a los colosenses, lo que hemos estado comentando: Que Cristo se sometió a la ley y fue circuncidado; y en su circuncisión, tú y yo hemos sido circuncidados también.

"En él también **fuisteis circuncidados** con circuncisión no hecha a mano, al echar de vosotros el cuerpo pecaminoso carnal, **en la circuncisión de Cristo**; sepultados con él en el bautismo, en el cual fuisteis también resucitados con él, mediante la fe en el poder de Dios que le levantó de los muertos". (Col. 2: 11-12)

Nosotros hemos hecho muchas cosas que nos hacen merecedoras de la muerte; mas ahora viene Cristo, coge eso que nos hace culpables y se lo lleva a la cruz; y al clavarlas en la cruz, nos dice: *"he muerto, he muerto por él y por ella; ellos no tienen que morir... yo morí por los pecados que ellos cometieron"*.

Pablo Continúa:

"Y a vosotros, estando muertos en pecados y en la incircuncisión de vuestra carne, **os dio vida** juntamente con él, perdonándoos todos los pecados, **anulando el acta de los decretos** que había contra nosotros, que nos era contraria, Quitándola de en medio y clavándola en la cruz, y despojando a los principados y a las potestades, los exhibió públicamente, triunfando sobre ellos en la cruz" (Colosenses 2: 13-15)

Como vemos aquí, el Señor Jesucristo derrotó toda potestad y toda autoridad en la cruz del calvario. Él cumplió perfectamente las demandas del Padre; y aquí se nos dice que las deudas que teníamos para con Dios;

Aquellas cosas que no nos dejaban acercarnos a Dios, Cristo Jesús las quitó de en medio y las clavó en la cruz del calvario.

En el tiempo cuando Jesús fue crucificado, la costumbre era que cuando alguien era ejecutado, se le ponía un letrero especificando el delito por el cual fue ejecutado, para que no se pensara que se cometió algún asesinato.

En lo que respecta a nosotros, Jesús ahora ha anulado ese decreto que había contra nosotros, lo ha quitado de en medio y ha clavado el acta condenatoria en la cruz.

Eso es tremendo. Alguien ha robado, fornicado, violado la ley divina, etc. Luego esa persona reconoce que es culpable, se arrepiente de haber cometido esas transgresiones, pide perdón y recibe la gracia de Dios.

Ahora Cristo toma esos documentos que declaran la culpabilidad del pecador arrepentido... los quita de en medio, los lleva a la cruz donde fue clavado...

...y cuando van a buscar al pecador para matarle, no encuentran nada en su contra; el expediente del reo de muerte está en blanco, está limpio... ¿Qué pasó?

¡Ya otro pagó la deuda!

Eso es lo que dice la Palabra: Los que venimos a Cristo recibimos esa gran bendición.

Después de recibir un perdón tan grande, Pablo nos exhorta a no dejarnos quitar aquello que la gracia de Dios nos ha proporcionado.

Él nos dice:

> "Por tanto, **nadie os juzgue** en comida o en bebida, o en cuanto a días de fiesta, luna nueva o días de reposo, todo lo cual es sombra de lo que ha de venir; pero el cuerpo es de Cristo. **Nadie os prive de vuestro premio**..."
>
> (Col. 2: 16-18)

Dice aquí la Palabra que, como ya Cristo Jesús quitó todo lo que para nosotros era negativo y contrario, **no tenemos que guardar nada**; nadie nos tiene que juzgar.

Si nos preguntaran: "¿pero por qué no celebran tal o cual fiesta?"; Simplemente le podríamos contestar: "*no tengo por qué celebrarla*".

Aún hay más:

> "Porque él es nuestra paz, que de **ambos pueblos hizo uno**, derribando la pared intermedia de separación, **aboliendo** en su carne las enemistades, la ley de los mandamientos expresados en ordenanzas, **para crear en sí mismo** de los dos un solo y nuevo hombre, haciendo la paz, y mediante la cruz reconciliar con Dios a ambos en un solo cuerpo, matando en ella las enemistades"
>
> (Efesios 2: 14-16)

¿Qué nos está tratando de decir Dios, por medio del apóstol Pablo?

> "Que así como los judíos se han considerado ser el pueblo escogido de Dios en la tierra y para ellos, los gentiles son menospreciados en lo relacionado con Dios y sus promesas; ahora que ha venido Cristo Jesús como judío, sometido a todas las normas judías las cuales cumple a cabalidad; cuando entrega su vida en la cruz y derrama su sangre...
>
> > ...**de ahí en adelante**, para Dios ya no hay diferencia entre ser gentil o judío; sino que lo importante es que crean en Cristo y reciban su gracia".

Pertenecemos a una nueva familia

"...porque por medio de él **los unos y los otros** tenemos entrada por un mismo Espíritu al Padre. Así que ya no sois extranjeros ni advenedizos, sino conciudadanos de los santos, y **miembros de la familia de Dios**" (Efesios 2: 18-19)

Los seres humanos que creemos en Cristo Jesús, somos conciudadanos de los santos, miembros de la familia de Dios. La Biblia no dice "miembros del pueblo judío" sino "miembros de la **familia de Dios**"; miembros del cuerpo de Cristo, miembros del pueblo de Dios.

Después que Jesucristo murió y resucitó, ahora hay un solo grupo de personas que Dios considera Su pueblo: Aquellos que creen y han recibido la justificación y la gracia de la salvación por medio de su Hijo. Ése, verdaderamente, es el único pueblo de Dios; sea compuesto por judíos o gentiles.

Seamos sabios en todo lo que significa para nosotros Cristo Jesús; de manera que, cuando algún judaizante nos quiera envolver con sus artimañas, podamos tener herramientas válidas y contundentes para poderle decir *"no, gracias"*.

En este punto quiero volver a recordar que, cuando hablo con el término "judaizante", no me estoy refiriendo a los judíos que han nacido en vientre de madre judía; sino a aquellos que habiendo nacido de un vientre de madre no-judía, han recibido la gracia de Dios de la salvación por los méritos de Cristo; y después rechazan dicha gracia procurando entonces justificarse por medio de las obras de la ley.

Entran en las iglesia cristianas <u>con el pretexto de enseñar la cultura judía</u> y al final lo que buscan es sacar los hermanos de la iglesia para hacerlos ser parte de alguna sinagoga o algo parecido.

Por eso también se les podría llamar "Cristianos Judaizantes" o "Evangélicos Judaizantes"

Ni siquiera se les podría llamar "Judíos Mesiánicos" porque los tales nunca fueron judíos de nacimiento.

Recordemos que un judío mesiánico es una persona que nació de vientre judío y que en su caminar religioso, cuando compara todas las promesas y las profecías del Antiguo Testamento, con lo que relata el Nuevo Testamento; entiende que Cristo fue y vivió toda su vida como judío; que Cristo Jesús fue perfecto en guardar la ley judía, no falló en nada...

Cuando el judío logra entender que Jesucristo es el Mesías que han estado esperando, y declaran: "yo creo que Jesús o *Yeshúa*, como le llaman en su nombre hebreo, es el Mesías"... inmediatamente se vuelve un judío mesiánico.

Por eso es que **no todo el que dice por ahí** que es mesiánico entra en esta categoría; sino que la mayoría de los que se autoproclaman "mesiánicos" son evangélicos que se han convertido al judaísmo.

(Nosotros los cristianos debemos estar muy claros en ese asunto; para que no creamos que todo el que hable en hebreo y cante canciones en hebreo, o tenga barbas copiosas, o predique en hebreo... ya sea un judío mesiánico)

Permítaseme re-enfatizarlo: Un mesiánico es un judío que estaba sujeto a la ley judía esperando al Mesías y alguien le mostró con la Palabra que el Mesías ya vino; el velo en su entendimiento le es quitado y logra ver, y dice: *"yo creo que Jesucristo es el Mesías"*... ya es creyente.

Para un judío verdadero, lo que están haciendo los judaizantes modernos no es más que una burla.

Ellos podrían preguntarle a tal persona: "¿tú eres judío?", "sí"; "¿de qué tribu?", "de tal tribu"; "¿y tú mamá, descendiente de quién?", "no, yo me convertí a los "x" años, etc."...

Ellos le dirían: "tú no eres judío; eres un prosélito o simpatizante. Podrás ser un **prosélito de la puerta** o un **prosélito de justicia**, pero no un judío..."

Un judío verdadero, cuando alguien viene y dice *"yo quiero ser judío"*, le va a decir "tienes dos alternativas de ser prosélito: puedes solamente guardar **algunos puntos**, y te llamaríamos "**prosélito de la puerta**", o puedes guardar **toda la ley y circuncidarte** y te llamaríamos "**prosélito de justicia**" (pero nunca judío)".

Es muy importante entender bien claramente estas diferencias.

Pedro y Pablo: Diferentes Ministerios

La Biblia dice que el apóstol Pedro fue llamado por Dios para ir a evangelizar a los judíos; a los que estaban sujetos a la ley y a los que estaban siguiendo el rito de la circuncisión.

Pedro fue enviado por Dios a quedarse entre los judíos, y todos los apóstoles allí, se quedaron entre los judíos. Ellos fueron los primeros judíos mesiánicos.

En tanto que el apóstol Pablo, siendo un gran erudito judío, fue elegido por Dios para ir a predicar a los que no eran judíos; a los gentiles.

Dice Pablo al respecto:

"Antes por el contrario, como vieron que me había sido encomendado el **evangelio de la incircuncisión**, como **a Pedro el de la circuncisión** (pues el que actuó en Pedro para el apostolado de la circuncisión, actuó también en mí para con los gentiles), y reconociendo la gracia que me había sido dada, Jacobo, Cefas y Juan, que eran considerados como columnas, nos dieron a mí y a Bernabé la diestra en señal de compañerismo, *para que nosotros fuésemos a los gentiles, y ellos a la circuncisión"*

(Gálatas 2: 7-9)

Pablo reconoce que ha recibido una revelación por parte de Dios que no estaba escrita en el Antiguo Testamento, es un misterio que Dios le reveló. Él dice:

"...que **por revelación** me fue declarado **el misterio**... misterio que en otras generaciones no se dio a conocer a los hijos de los hombres, como ahora es revelado a sus santos apóstoles y profetas por el Espíritu: Que los gentiles **son coherederos y miembros del mismo cuerpo**, y copartícipes de la promesa en Cristo Jesús por medio del evangelio..."   (Efesios 3: 3-9)

He aquí el misterio revelado al apóstol Pablo, el cual nos llena de gran gozo y significa también que el judío mesiánico no es mejor que tú; ni tú eres mejor que el judío mesiánico. ¡Todos somos iguales!

Con respecto a esas revelaciones, el apóstol Pedro dijo:

"Y tened entendido que la paciencia de nuestro Señor es para salvación; como también **nuestro amado hermano Pablo**, **según la sabiduría que le ha sido dada**, os ha escrito, casi en todas sus epístolas, hablando en ellas de estas cosas; entre las cuales hay algunas difíciles de entender, **las cuales los indoctos e inconstantes tuercen**, como también las otras Escrituras, para su propia perdición.

Así que vosotros, oh amados, sabiéndolo de antemano, **guardaos, no sea que arrastrados por el error de los inicuos, caigáis de vuestra firmeza**. Antes bien, creced en la gracia y el conocimiento de nuestro Señor y Salvador Jesucristo. A él sea gloria ahora y hasta el día de la eternidad. Amén."   (2 Pedro 3: 15-18)

Analicemos por un momento la propia experiencia del apóstol Pablo cuando tuvo que enfrentar a los judaizantes de su tiempo. Pablo está desarrollando su ministerio entre gentiles de acuerdo al llamado que recibió de parte del Señor. Está entrando a hogares de gentiles, hablando con gentiles, comiendo con gentiles, etc.

Pero Pablo era un devoto judío. ¿Qué hacía Pablo metido entre gentiles? Esto le está ocasionando muchos problemas.

Ahora que los gentiles están creyendo en Cristo, vienen los judaizantes de ese tiempo a querer ponerles cargas a los gentiles.

La historia bíblica, en el capítulo 15 del libro de los Hechos, nos narra:

"Entonces algunos que venían de Judea enseñaban a los hermanos: Si no os circuncidáis conforme al rito de Moisés, no podéis ser salvos." (vers. 1)

¿Cómo, qué es eso de circuncidar? Es la pregunta que se hace el gentil que ha creído en Cristo y que nunca supo nada de ley de Moisés.

Un judaizante podría tener un diálogo con el nuevo creyente, y se dirían algo como esto:

Judaizante: "¿Crees en Cristo?"

Nuevo creyente: "Sí, gloria a Dios"

Judaizante: "¿Y tú crees que eres salvo?"

Nuevo creyente: "Sí, Amén"

Judaizante: "¿Ya te circuncidaste?"

Nuevo creyente: "¿qué es eso?"

Judaizante: "¿no sabes qué es circuncidarse? te tienes que cortar el prepucio para que puedas ser parte del pacto de Dios con Abraham y sean válidas para ti las promesas; y si no lo haces así entonces no podrás ser parte del cuerpo de Cristo"

Nuevo creyente: "Pablo no me dijo nada de eso";

Judaizante: "Pues ya lo sabes. Tienes que hacerlo"...

>>> La situación se tornó caótica y peligrosa.

"Como Pablo y Bernabé tuviesen una **discusión y contienda no pequeña** con ellos, se dispuso que subiesen Pablo y Bernabé a Jerusalén, y algunos otros de ellos, a los apóstoles y a los ancianos, para tratar esta cuestión". (vers. 2)

"Y llegados a Jerusalén, fueron recibidos por la iglesia y los apóstoles y los ancianos, y refirieron todas las cosas que Dios había hecho con ellos.

Pero algunos de la secta de los fariseos, que habían creído, se levantaron diciendo: Es necesario circuncidarlos, y mandarles que guarden la ley de Moisés" (vers. 4-5)

La narración de lo acontecido en ese primer Concilio, continúa hasta el versículo 29; y es mi recomendación que usted la lea en su totalidad.

Leemos que Jacobo, el hermano del Señor, quien era uno de los principales dirigentes en la iglesia primitiva, dijo:

"… yo juzgo que no se inquiete a los gentiles que se convierten a Dios, sino que se les escriba que se aparten de las contaminaciones de los ídolos, de fornicación, de ahogado y de sangre" (vers. 19-20).

Pedro ha narrado su experiencia en la casa de Cornelio; Pablo está predicando según la revelación que ha recibido; Y ahora Jacobo dice: "los gentiles que se convierten no tienen que guardar todo lo que nosotros estamos guardando; solamente estas cuatro cosas pidamos de ellos:

-Que dejen de practicar la idolatría; Que no se contaminen con ídolos pues lo que se sacrifica a un ídolo, dice la Palabra, a los demonios se ofrece (1Corintios 10:20);

-Que no estén fornicando sino que tengan el sexo en el nivel que Dios lo ha dado; que no tomen el sexo a la ligera. Fornicar es tener sexo sin importar con quién. Dios aprueba solamente las relaciones sexuales entre un hombre y una mujer que estén casados;

-Que se abstengan de comer animal ahogado; y
-Que se abstengan de comer sangre.

> [**Esta es una nota al margen:** La Biblia dice que no comamos un animal que haya muerto ahogado, pues su sangre se mantuvo dentro de dicho animal cuando murió; y que no comamos sangre. Así que, olvídese de la morcilla y el relleno (*o como le llame*)].

Pablo **no** nos manda a comer sangre, cuando nos dice:

"De todo lo que se vende en la carnicería, comed, sin preguntar nada por motivos de conciencia; porque del Señor es la tierra y su plenitud". (1 Corintios 10:25-26)

Ha sido el mismo Espíritu Santo, por medio de los apóstoles, que ha dado ese mandato a los cristianos:

"Porque **ha parecido bien al Espíritu Santo**, y a nosotros, no imponeros ninguna carga más que estas cosas necesarias: que os abstengáis de lo sacrificado a ídolos, de sangre, de ahogado y de fornicación..."

(vers. 28-29)

La Biblia dice que el Espíritu Santo junto con todos los apóstoles, acordaron que esas cosas eran las únicas necesarias para que una persona que no nace de vientre judío sea salva por la gracia de Dios por medio de Cristo; **Eso es lo único**. Los que le sugieran que le añada algo extra, usted les puede decir, "No, gracias; no lo necesito"...

...Lo extraño y triste de este caso es que muchos de los hermanos gentiles decidieron creerles a los judaizantes, por encima de lo que ordenó el Espíritu Santo junto a los apóstoles.

Por eso el apóstol Pablo tuvo gran decepción con algunos de ellos. Y les dijo:

"Estoy maravillado de que tan pronto os hayáis alejado del que os llamó por la gracia de Cristo, para seguir un evangelio diferente. No que haya otro, sino que hay algunos que os perturban y quieren pervertir el evangelio de Cristo" (Gálatas 1: 6-7)

Los gálatas creían que los que venían contradiciendo a Pablo, tenían razón; y se habían alejado rápidamente de lo que Pablo les había enseñado. Pablo dice, "estoy maravillado, estoy sorprendido, ¿cómo pudo ser posible esto?".

Más adelante les amonesta:

> "¡Oh gálatas insensatos! ¿Quién os fascinó[iii] para no obedecer a la verdad, a vosotros ante cuyos ojos Jesucristo fue ya presentado claramente entre vosotros como crucificado?
>
> Esto solo quiero saber de vosotros: ¿Recibisteis el Espíritu por las obras de la ley, o por el oír con fe? ¿Tan necios sois? ¿Habiendo **comenzado por el Espíritu**, ahora vais a acabar por la carne?" (Gálatas 3: 1-3)

Este es un asunto muy delicado, pues está en juego la salvación de las personas. Así dice la Palabra:

> "Porque todos **los que dependen** de las obras de la ley **están bajo maldición**, pues escrito está: Maldito todo aquel que no permaneciere en todas las cosas escritas en el libro de la ley, para hacerlas" (Vers. 10)

En otras palabras, los que tratan de vivir por la ley, ya no están viviendo por la fe. **Así que tú eliges.**

Si tú quieres someterte a todos los preceptos que hay para los judíos, es tu decisión. La Biblia habla muy claro.

Pero si por el contrario, tú prefieres vivir en la gracia de Dios, en el descanso de Dios, en su reposo; sin esas cargas de la ley que nadie puede cumplir, entonces lo próximo que está escrito es para tu beneficio y paz:

"**Cristo nos redimió de la maldición de la ley**, hecho por nosotros maldición (porque está escrito: Maldito todo el que es colgado en un madero), Para que en Cristo Jesús la bendición de Abraham alcanzase a los gentiles, a fin de que por la fe recibiésemos la promesa del Espíritu" (Vers. 13-14)

Podemos ver que Cristo murió para que tú y yo, gentiles y no judíos de nacimiento, por medio de la fe pudiéramos tener al Espíritu Santo; para que esa promesa llegara también a nosotros.

La ley de la que estamos hablando no son los diez mandamientos; sino que estamos hablando de la ley ceremonial que incluye todas las ordenanzas que Dios le dio a Moisés para que el pueblo de Israel guardara, y la cual era solo una sombra de lo verdadero que vendría cuando Cristo se manifestara.

Los diez mandamientos son inviolables. Esa es la ley que está escrita en el corazón de todos nosotros, y la cual se resume en lo siguiente:

"Jesús le dijo: **Amarás al Señor tu Dios** con todo tu corazón, y con toda tu alma, y con toda tu mente. Este es el primero y grande mandamiento. Y el segundo es semejante: **Amarás a tu prójimo como a ti mismo.** De estos dos mandamientos depende toda la ley y los profetas".   (Mateo 22:37)

"No debáis a nadie nada, sino el amaros unos a otros; porque **el que ama** al prójimo, **ha cumplido la ley.** Porque: No adulterarás, no matarás, no hurtarás, no dirás falso testimonio, no codiciarás, y cualquier otro mandamiento, en esta sentencia se resume: Amarás a tu prójimo como a ti mismo. El amor no hace mal al prójimo; así que **el cumplimiento de la ley es el amor**"

(Romanos 13: 8-9)

"Porque en Cristo Jesús ni la circuncisión vale algo, ni la incircuncisión, sino **la fe que obra por el amor**"

(Gálatas 5:6)

Tengamos mucho cuidado y tomemos muy en serio las represiones que nos da la Palabra de Dios, que nos advierte diciendo: *"Un poco de levadura leuda toda la masa"* (Gál.5:9)

Conozcamos la Palabra. Si leemos y entendemos la Palabra, no nos vamos a dejar engañar. No necesitamos ser circuncidados para estar bien con Dios; no necesitamos guardar toda la ley para estar bien con Dios.

No caigamos de la gracia.

En una ocasión, Pablo le dijo a Pedro:

> "Nosotros, judíos de nacimiento, y no pecadores de entre los gentiles, sabiendo que **el hombre no es justificado por las obras de la ley**, sino por la fe de Jesucristo, nosotros también hemos creído en Jesucristo, para ser justificados por la fe de Cristo y no por las obras de la ley, por cuanto por las obras de la ley nadie será justificado"
>
> (Gálatas 2: 15-16)

Vemos que Pablo tenía muy clara la diferencia entre la manera de vivir de un judío a la manera de vivir de un gentil: A un judío, desde pequeñito, le van enseñando el temor de Dios; y normalmente a un gentil le *dejan "que disfrute su vida, porque para eso está este mundo"*; y no le inculcan el temor de Dios en su diario vivir.

Ahora, como apóstol de los gentiles, la gran tarea de Pablo es hacer que éstos que no conocen a Dios, puedan aprender y entender quién es Dios; lo respeten y honren en toda su manera de vivir.

Después de venir a Cristo, los gentiles no pueden seguir viviendo como vivían; sino que deben ser enseñados y moldeados para que vivan conforme a la voluntad de Dios.

Como los judíos ya saben lo que significa *"vivir con el temor de Dios"*, sólo tienen que recibir al Mesías y seguir viviendo según los principios que desde niño le enseñaron. Los gentiles no; a ellos hay que enseñarles.

Usted lee las epístolas de Pablo y puede reconocer la **continua enseñanza** que se le da a los gentiles que antes estaban en tinieblas, pero que ya fueron trasladados al reino de la luz (Colosenses 1:13).

Aparte de la oración intercesora, la función principal de Pablo era: Enseñar, enseñar, y enseñar. ¿Qué tenemos que hacer los gentiles? Aprender a vivir correctamente.

Pablo nos dice:

> "En cuanto a la pasada manera de vivir, despojaos **del viejo hombre**, que está viciado conforme a los deseos engañosos, y **renovaos en el espíritu de vuestra mente**, y **vestíos del nuevo hombre**, creado según

Dios en la justicia y santidad de la verdad"

(Efesios 4:22-24)

"No os conforméis a este siglo, sino transformaos por medio de la renovación de vuestro entendimiento, para que comprobéis cuál sea la buena voluntad de Dios, agradable y perfecta" (Romanos 12:2)

Pablo es muy claro; y me alegro que Dios usara a este hombre que sabía demasiado de la cultura judía, que era fariseo de fariseos, perseguidor de la Iglesia, extremadamente celoso por el judaísmo; y Dios lo usó a él para que "enseñe a los que no eran y ya son hijos de Dios".

Antes de terminar este breve estudio, analicemos algo más de lo que nos dice el apóstol Pedro:

"Más **vosotros sois** linaje escogido, real sacerdocio, nación santa, pueblo adquirido por Dios, para que anunciéis las virtudes de aquél que os llamó de las tinieblas a su luz admirable;

Vosotros que en otro tiempo no erais pueblo, pero que **ahora sois pueblo de Dios**; que en otro tiempo no habíais alcanzado misericordia, pero **ahora habéis alcanzado** misericordia". (1 Pedro 2: 9-10)

Tenemos que anunciar las virtudes de Cristo Jesús que fue Aquél que nos llamó de las tinieblas; y por medio de Él nosotros no estamos más bajo el poder del Príncipe de este mundo.

Por causa de Jesucristo, nosotros tenemos vida; hemos cambiado nuestra manera de pensar, de vivir; nuestros valores son otros...

¿Por qué?, porque hemos creído en Él y su Espíritu ha venido a nosotros; y el Espíritu que es la promesa, nos enseña a vivir correctamente.

Ahora somos verdaderos hijos de Dios, herederos de las promesas hechas por Dios a Abraham; no porque nos marcaron en el prepucio; no porque nacimos de un vientre específico; sino **porque creemos en el Hijo de Dios**.

Eso es lo que dice la Palabra   ¡Aleluya!

Nosotros debemos vivir agradecidos porque Dios nos ha dado su gracia y no nos ha demandado lo que había exigido a los que estaban bajo el pacto de Moisés.

Qué bueno que Jesús vino, cumplió a la perfección todo lo que Dios demandaba. Qué bueno es que ahora Dios nos permite cobijarnos en Cristo y vivir vidas agradables a Él sin tener que cumplir las 613 normativas de los fariseos. ¡Gracias Señor!

Así que, cuando venga a usted alguna persona *"engañada y dispuesta a engañar"*, muéstrele la Palabra; pero mírele con compasión, mírele con amor. Dice la Biblia lo que debemos hacer con respecto a los que se extravían:

> "Hermanos, si alguno de entre vosotros se ha extraviado
> de la verdad, y alguno le hace volver, sepa que el que
> haga volver al pecador del error de su camino, salvará de
> muerte un alma, y cubrirá multitud de pecados"
> (Santiago 5: 19-20)

> "Hermanos, si alguno fuere sorprendido en alguna falta,
> vosotros que sois espirituales, restauradle con espíritu de
> mansedumbre, considerándote a ti mismo, no sea que tú
> también seas tentado"   (Gálatas 6:1)

Usted puede orar a Dios por dicha persona, algo así: "Dios, ábrele los ojos espirituales…"; "Sí Padre, está haciendo daño; pero mejor que haga el bien. Ábrele los ojos como hiciste con Pablo…"

Recuerde que Pablo estaba haciendo daño a la iglesia y perseguía a los cristianos; pero Dios le abrió los ojos espirituales y Pablo entonces fue usado para el bien, para la edificación del Cuerpo de Cristo.

Podemos orar por todos aquellos que con un corazón, quizás sincero; creen que *"ahora están en la verdad"*; cuando realmente sabemos que han caído de la gracia y están bajo maldición.

Pidamos a Dios por ellos, que tenga misericordia de ellos; que Dios les enseñe y les ayude a entender...

Y para aquellas personas que son judías de verdad: oremos por ellos y aprendamos a ministrarles el Evangelio de Cristo sin procurar convertirlos al cristianismo; busquemos más bien que acepten a Jesucristo como el Mesías y que sigan viviendo según sus principios judaicos si desean, pero que sepan y crean que ya vino el Mesías que tanto han esperado.

Ayudemos a que ese pueblo pueda también conocer la salvación para que sea parte de la Iglesia de Cristo, del cuerpo de Cristo. El cuerpo de Cristo es uno y no tiene barreras de raza, ni de género, ni de lenguas...

Los que estamos en Cristo, ¡Somos uno en Él!

Su sacerdocio y el nuestro

En una ocasión, antes de terminar su ministerio terrenal, el Señor Jesús estaba hablando con sus discípulos; y les dijo:

"...Y sabéis a dónde voy, y sabéis el camino. Le dijo Tomás: Señor, no sabemos a dónde vas; ¿cómo, pues, podemos saber el camino? Jesús le dijo: Yo soy el camino, y la verdad, y la vida; **nadie viene al Padre**, sino por mí" (Juan 14:4-6)

En esta oportunidad Jesús les está aclarando, entre otras cosas, que **los asuntos sacerdotales ahora van a cambiar.**

Desde siempre los discípulos habían oído decir que Moisés fue elegido por Dios para ser el intercesor de su pueblo ante Él; o dicho en otras palabras, Moisés representaba el camino viable por medio del cual el pueblo podría acercarse a Dios para hablar con Él; y recibir orientación, gracia y perdón.

Luego Dios había establecido el orden del servicio en el Tabernáculo de Reunión, y había elegido a Aarón *(el hermano mayor de Moisés)* y a su descendencia, para que le fueran los sacerdotes que ministrarían a su pueblo.

Aarón sería el Sumo Sacerdote; y cuando muriera, otro de sus hijos tomaría su lugar. En lo sucesivo debería hacerse así.

Dios le había dicho a Moisés:

"Harás llegar delante de ti a Aarón tu hermano, y a sus hijos consigo, de entre los hijos de Israel, para que sean mis sacerdotes; a Aarón y a Nadab, Abiú, Eleazar e Itamar hijos de Aarón" (Éxodo 28:1)

"Jehová dijo a Moisés: Habla a **los sacerdotes hijos de Aarón**, y diles que no se contaminen por un muerto en sus pueblos... Santos serán a su Dios, y no profanarán el nombre de su Dios, porque las ofrendas encendidas para Jehová y el pan de su Dios ofrecen; por tanto, serán santos...Le santificarás, por tanto, pues el pan de tu Dios ofrece; santo será para ti, porque santo soy yo Jehová que os santifico...

...Y **el sumo sacerdote entre sus hermanos**, **sobre cuya cabeza fue derramado el aceite de la unción**, y que fue consagrado para llevar las vestiduras, no descubrirá su cabeza, ni rasgará sus vestidos... Ni saldrá del santuario, ni profanará el santuario de su Dios; porque la consagración por el aceite de la unción de su Dios está sobre él. Yo Jehová" (Levítico 21: 1-12)

Además de la limitante en cuanto a quiénes eran autorizados para acercarse a Dios, hay otro detalle interesante en lo que respecta al acceso del sacerdote delante de Dios.

Dios mismo había puesto algunas restricciones; entre ellas:

Restricción #1:   El Velo

Dios le dijo a Moisés:

> "También **harás un velo** de azul, púrpura, carmesí y lino torcido; será hecho de obra primorosa, con querubines; y lo pondrás sobre cuatro columnas de madera de acacia cubiertas de oro; sus capiteles de oro, sobre basas de plata. Y pondrás el velo debajo de los corchetes, y meterás allí, del velo adentro, el arca del testimonio; y aquel velo os **hará separación** entre el lugar santo y el santísimo"
>
> (Éxodo 26: 31-33)

Restricción #2:   El lugar de ministración

También le dijo Dios a Moisés:

> "Harás asimismo **un altar** para quemar el incienso; de madera de acacia lo harás... Y lo pondrás delante del velo que está junto al arca del testimonio, delante del

propiciatorio que está sobre el testimonio, donde me encontraré contigo" (Éxodo 30: 1-6)

Restricción #3: El tiempo permitido para ministrar

"Y sobre sus cuernos hará Aarón expiación una vez en el año con la sangre del sacrificio por el pecado para expiación; **una vez en el año** hará expiación sobre él por vuestras generaciones; será muy santo a Jehová"

(Éxodo 30:10)

"Y Jehová dijo a Moisés: Di a Aarón tu hermano, que no en todo tiempo entre en el santuario detrás del velo, delante del propiciatorio que está sobre el arca, para que no muera; porque yo apareceré en la nube sobre el propiciatorio" (Levítico 16:2)

"...Y esto tendréis como estatuto perpetuo, para hacer expiación una vez al año por todos los pecados de Israel. Y Moisés lo hizo como Jehová le mandó" (Levítico 16:34)

En Jesús, todas las restricciones son quitadas.

Recordemos que Jesús le había dicho a Tomás:

"*Yo soy el camino, y la verdad, y la vida; **nadie viene al Padre**, sino por mí*" (Juan 14:6)

79

De alguna manera se tendría que cumplir esta afirmación. Nos narra el apóstol Mateo lo siguiente:

> "Mas Jesús, habiendo otra vez clamado a gran voz, entregó el espíritu. Y he aquí, **el velo del templo se rasgó en dos**, de arriba abajo; y la tierra tembló, y las rocas se partieron"   (Mateo 27: 50-51)

Y más adelante nos explica el autor de Hebreos:

> "...La cual tenemos como segura y firme ancla del alma, y que penetra **hasta dentro del velo, donde Jesús entró por nosotros como precursor**, hecho sumo sacerdote para siempre según el orden de Melquisedec"
>
> (Hebreos 6: 19-20)

> "Porque no entró Cristo en el santuario hecho de mano, figura del verdadero, sino en **el cielo** mismo para presentarse ahora por nosotros ante Dios; y no para ofrecerse muchas veces, como entra el sumo sacerdote en el Lugar Santísimo cada año con sangre ajena.
>
> De otra manera le hubiera sido necesario padecer muchas veces desde el principio del mundo; pero ahora, en la consumación de los siglos, **se presentó una vez para siempre** por el sacrificio de sí mismo para quitar de en medio el pecado"   (Hebreos 9: 24-26)

"...Porque **con una sola ofrenda hizo perfectos para siempre a los santificados**. Y nos atestigua lo mismo el Espíritu Santo; porque después de haber dicho:

> Este es el pacto que haré con ellos Después de aquellos días, dice el Señor:
>
> *Pondré mis leyes en sus corazones,*
> *Y en sus mentes las escribiré, añade:*
> *Y nunca más me acordaré de sus pecados y*
> *transgresiones.*
>
> Pues donde hay remisión de éstos, no hay más ofrenda por el pecado" (Hebreos 10: 14-18)

Es una grandiosa noticia la que nos anuncia la Palabra; pues tenemos en los cielos a alguien que nos ama tanto que dio su propia vida y derramó su sangre, como demostración de su amor por nosotros.

Así nos dice la Biblia:

> "Mas Dios **muestra** su amor para con nosotros, en que siendo aún pecadores, **Cristo murió por nosotros.** Pues mucho más, estando ya justificados en su sangre, por él seremos salvos de la ira"   (Romanos 5: 8-9)

81

Jesús está ahora sentado a la diestra de la Majestad de Dios (Hebreos 1:3), intercediendo por todos aquellos que creen y confían en Él.

> "mas éste, por cuanto permanece para siempre, tiene un sacerdocio inmutable; por lo cual puede también salvar perpetuamente a los que por él se acercan a Dios, **viviendo siempre para interceder por ellos**" (Heb 7: 24-25)

Por tanto, confiemos plenamente en lo que nos dice Dios en su Palabra:

> "Así que, hermanos, teniendo libertad para entrar en el Lugar Santísimo por la sangre de Jesucristo, **por el camino nuevo y vivo** que él nos abrió **a través del velo, esto es, de su carne,** Y teniendo un gran sacerdote sobre la casa de Dios, acerquémonos con corazón sincero, en plena certidumbre de fe, purificados los corazones de mala conciencia, y lavados los cuerpos con agua pura" (Hebreos 10: 19-22)

El propio cuerpo de Cristo fue ofrecido como sustitución del velo del templo; y ahora tenemos **solo este camino** para poder llegar al Padre: Jesucristo hombre (1 Timoteo 2:5)

Aparte de eso, Jesús ha permitido que **todos los que creemos en Él** podamos ser también parte de la familia sacerdotal; pero ya no de la descendencia de Aarón (Éxodo

28:1; Levítico 21: 1-12); sino ahora, del nuevo sacerdocio de Cristo, quien nos llama a nosotros "Sus hermanos":

"Porque el que santifica y los que son santificados, de uno son todos; por lo cual **no se avergüenza de llamarlos hermanos**" (Hebreos 2:11)

"...y de Jesucristo el testigo fiel, el primogénito de los muertos, y el soberano de los reyes de la tierra, Al que nos amó, y nos lavó de nuestros pecados con su sangre, Y **nos hizo reyes y sacerdotes** para Dios, su Padre; a él sea gloria e imperio por los siglos de los siglos. Amén" (Ap. 1: 5-6)

¡Gloria a Dios por Jesucristo y por Su gracia inefable!

Ejercita tu sacerdocio delante de Dios y usa la Palabra de autoridad que Dios te da. Jesucristo, nuestro Sumo Sacerdote, te respalda en el cielo; y el Espíritu Santo nos dirige y orienta aquí en la tierra.

Bendiciones:

Jehová te bendiga, y te guarde; Jehová haga resplandecer su rostro sobre ti, y tenga de ti misericordia; Jehová alce sobre ti su rostro, y ponga en ti paz. La gracia del Señor Jesucristo, el amor de Dios, y la comunión del Espíritu Santo sean con todos vosotros. Amén

Otros libros Publicados

Por el Autor...

(Disponibles en inglés y en español)

Si alguna vez te has preguntado:

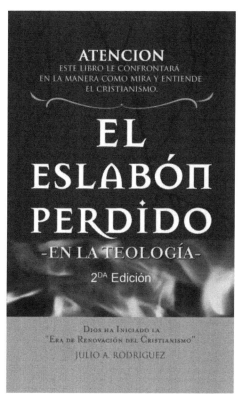

¿Qué ha pasado con el cristianismo?

¿Dónde está aquella gloria que por tantos siglos brilló, alumbrando las mentes de los seres humanos?

¿Por qué parece que las enseñanzas de la Biblia han perdido fuerza en esta generación?

¿Por qué hay tantas denominaciones y religiones?

¿Habrá posibilidad de que alguien sea salvo después de morir?

En este libro encontrarás respuestas bíblicas

No-Tradicionales

El Paradigma ¿O Cuento?

de la

Evolución

Una Investigación Científico-Cristiana

Julio A. Rodríguez

Después de haber sido ateo por más de 14 años, cuando creía y defendía la teoría de la evolución; el autor, graduado en el año 1978 como Ingeniero Químico en la prestigiosa Pontificia Universidad Católica Madre y Maestra; y como resultado a intensas indagaciones sobre el tema de la evolución, expone sus conclusiones después de 30 años de terminar sus estudios universitarios y luego de innumerables experiencias de la vida.

El autor asegura y demuestra que:

"Las escuelas y universidades **indoctrinan** a los estudiantes para que dejen de creer en Dios, enseñando como ciencia lo que es pura creencia ateo-religiosa"; y también:

"Si alguien cree que de algo más pequeño que UN ÁTOMO se formó todo el universo, dicha persona **tiene más FE** que todos aquellos que creen en Dios"

No dejes de leer este libro.

---

[i] Todas las citas bíblicas han sido tomadas de la versión Reina-Valera 1960

[ii] Cada énfasis dado a cualquier versículo, ya sea en **negritas**, *itálicas* o <u>subrayado</u>, es agregado por el autor de este escrito.

Made in the USA
Middletown, DE
14 July 2024

57252535R00051